EXTRAIT

DU

RECUEIL DES TRAVAUX DE LA SOCIÉTÉ D'AGRICULTURE

SCIENCES ET ARTS D'AGEN

—

Tome III — IIe Série

UNE COURSE EN QUERCY

I. — CAMBAYRAC

PAR

M. ADOLPHE MAGEN

CORRESPONDANT DU MINISTÈRE DE L'INSTRUCTION PUBLIQUE POUR LES TRAVAUX HISTORIQUES —
DE LA SOCIÉTÉ NATIONALE DES ANTIQUAIRES DE FRANCE — DE LA SOCIÉTÉ NATIONALE
ET CENTRALE D'AGRICULTURE — SECRÉTAIRE PERPÉTUEL DE LA SOCIÉTÉ
D'AGRICULTURE, SCIENCES ET ARTS D'AGEN

AGEN

IMPRIMERIE DE PROSPER NOUBEL

1873

A M. PHILIPPE TAMIZEY DE LARROQUE, MAIRE DE GONTAUD.

Mon cher Ami,

Je m'étais promis d'aller vous voir à Gontaud, cette jolie petite ville qui se console d'avoir été ruinée par Biron, en se faisant administrer par un érudit doublé d'un homme de cœur. J'espérais y passer quelques jours de ce printemps en promenades, en causeries amicales, surtout en longues flaneries au milieu de chers bouquins; même je comptais,— ne riez pas, — m'asseoir sur le banc vert placé près de votre seuil, où vous prenez l'air en famille à deux pas du voisin qui jase de son côté. Mais, vous le savez, Dieu dispose. Un autre vent, d'ailleurs propice, m'a poussé du côté du Lot où m'appelait depuis deux ans une hospitalité franche comme la vôtre. Jeune encore, vous pouviez attendre, et notre ami de Cambayrac, qui est un Nestor pour la sagesse, est près de l'être par l'âge. Le temps que je voulais vous donner, il me l'a pris, et nous l'avons trouvé court. J'espère bien que vous me pardonnerez. Pour y aider, je vais vous dire ce que j'ai vu dans ce coin de terre qui est si voisin du nôtre, mais qui lui ressemble si peu. Il y aura de tout dans mon récit, agriculture, observation pittoresque, archéologie, des légendes à défaut d'histoire. En présence d'archives muettes, j'ai laissé la parole à la muse populaire, estimant, comme vous, qu'on ne perd pas toujours son temps à l'écouter.

Agen, le 15 octobre 1869.

I

La chaîne de montagnes qui, de Cahors, aboutit à Tournon, est flanquée dans toute sa longueur de coteaux élevés et rapides. De chacun de ces contre-forts partent, se ramifiant à l'infini, d'autres coteaux de moins en moins élevés dont les saillies s'opposent aux dépressions comme feraient des caps à des golfes. Il en résulte nombre de vallées profondes qu'arrosent, en courant, des sources d'eau vive et claire.

Autrefois, les bois de chênes, ~~et et et doute il qu'ey-tire sommets~~, ombrageaient toutes les pentes; plus tard, et peu à peu, la vigne les remplaça. Livré dès lors à l'influence des pluies, le sol perdit sa couche utile. Des friches misérables, trop souvent des rochers nus couvrent aujourd'hui des points où le chêne et la vigne avaient longtemps prospéré. De loin en loin des travaux opiniâtres rendent, il est vrai, à la culture, quelques menues parcelles, mais le terrain si vaillamment reconquis finit par être emporté. Aussi, là comme partout, plus encore peut-être qu'ailleurs, voit-on les montagnes s'abaisser et les vallées s'exhausser d'un mouvement continu.

C'est sur un de ces coteaux, au nord et à environ seize kilomètres de Cahors, que s'étend le territoire de la commune de Cambayrac. Il appartient au système des sédiments marins et se compose de masses énormes de calcaire compacte de formation jurassique et crétacée. Au-dessus de ces puissants dépôts, un grès grossier coloré par du fer, montre, sur quelques points, notamment au nord-ouest, ses veines d'un rouge vif.

Du très petit plateau sur lequel est assis l'humble hameau, chef-lieu de la commune, on n'aperçoit tout autour de soi que de hauts sommets mamelonnés, d'une blancheur crayeuse qui n'est pas sans tristesse. Le sol arable y disparaît, à la lettre, sous le calcaire effrité et, en place de ces haies vertes qui bornent chez nous les propriétés rurales, des clôtures en pierre sèche, assez mal entretenues, offrent, de loin, une vague ressemblance avec des vertèbres gigantesques. Peu d'habitations d'ailleurs, très peu d'arbres. Quelques villages à noms caractéristiques dressent, parmi les toitures des maisons rares et basses, la flèche modeste de leur clocher. Tels sont les Roques, les Grèzes,[1] les Salles.[2] Fort peu distants à vol d'oiseau, ils le sont, en réalité, d'une grosse heure à cause de leur altitude et de la profondeur des vallées qui les séparent. Aussi, les chemins ardus par lesquels on y arrive sont-ils à peu près déserts. Ce n'est guère qu'aux jours de foire ou de fête patronale qu'on voit des groupes de filles et de garçons, généralement vêtus d'étoffes sombres, gravir, comme de noires fourmis, la longue et rude montée.

Quelle différence, mon ami, entre notre large plaine ayant des coteaux modérés pour horizon, et ce fouillis de collines pierreuses dominant d'étroits vallons qui ne sont guère qu'un passage pour les eaux ! En revanche, ces vallons sont ravissants. Vous n'imaginez pas le charme dont on est pris, quand, au retour des plateaux éclairés par un soleil aveuglant, on pénètre dans ces frais couloirs où, à travers le feuillage dru des chênes, la lumière s'adoucit, s'humanise en quelque sorte. Le chemin, par contre, laisse à désirer. De la margelle du coteau, la roche, sous l'effort de la pluie et des gelées, se fend,

---

[1] Collis, ager editus, gressiis seu silicibus abundans. V. Ducange, *Glossarium*, V^{is} *Cresium, Gresum, Gressius.*

[2] *Salle, Salve, Selve* sont des formes équivalentes du mot *Silve*. Voir Houzé : (*Études sur la signification des noms de lieux en France*), page 106, note.

se désagrége, roule, encombrant l'unique sentier par où passent
bêtes et gens, et la charrette aux roues massives qui transportera,
du val à la ferme, le foin, le bois et la vendange. Rien ne serait
assurément plus facile que de mettre de côté ces pierres qui arrê-
tent les bœufs, secouent la charrette, la font pencher, verser parfois ; mais le paysan n'entend pas de cette oreille. Toute amélio-
ration qui ne se réalise pas immédiatement en espèces lui est sou-
verainement antipathique. Employer à la réparation des chemins
plus que les journées de prestation, c'est, à ses yeux, pure niai-
serie. Un temps bien dépensé, par exemple, c'est celui qu'on
donne à sa vigne ou à son champ. On n'y travaille au moins
que pour soi ! Voilà comme on entend la charité au village , et
l'économie sociale !

Il faut dire qu'en ce coin de terre la nature n'a pas gâté le
paysan. Le sol y montre partout les traces des violentes convul-
sions qui lui donnèrent sa forme, et l'on y chercherait en vain,
ailleurs qu'autour du chef-lieu de la commune, un plateau uni
de quelque étendue. Il n'y a guère de bonnes terres qu'auprès du
village. On y cultive le blé, le maïs, la vigne, quelques légumes.
Les bas-fonds possèdent pourtant d'excellentes prairies natu-
relles. Celles qui longent le gai ruisseau de Bouldouyre,[1] dans
la délicieuse vallée qui mène de Sauzet à Saint-Vincent, sont à
mentionner pour l'abondance et la qualité de leurs produits.
Uniquement composées de graminées, elles font l'effet de tapis de

---

[1] D'après Alfred Maury (*Les forêts de la Gaule et de l'ancienne France*,
2e édition, p. 157), on appelait *Duire*, en Irlande, les forêts sacrées ; ce mot
qui est devenu *Derry*, en Anglais, entre comme composant dans un grand
nombre de noms de lieux en Périgord. M. de Gourgues (*Noms de lieux de
la Dordogne*, p. 50) signale entre Villamblard et Roussilles, — deux an-
ciennes chatellenies riches en forêts, — une source qui s'appelle *Fons
bulhdoyrs*. Un ruisseau du département de Lot-et-Garonne porte le nom de
Founboundoyrs ; une commune de la Charente-Inférieure, celui de *Font-
bouillant*. Freund (*Dictionnaire latin*) V° *Fons*, cite une source près d'Al-

haute-lisse d'un beau vert-tendre uniforme. Si elles ne se parent,
au printemps, ni des épis bleus de la sauge, ni des corymbes
jaunes d'or du séneçon, ni de la couronne radiée des chrysan-
thèmes, des bêtes bovines importées de l'Agenais, d'Aubrac et
de Salers, n'en tondent que d'une dent plus avide l'ample largeur
de leur langue. Il y a pourtant une ombre à ce tableau : c'est que
la fontaine de Bouldouyre est à sec pendant les grandes chaleurs,
et que les pluies torrentielles occasionnées par les orages enva-
sent les foins, de mai à juin, quand elles n'arrachent pas aux
sommets assez de pierres et de gravois pour en recouvrir entiè-
rement les prairies.

Les bois, je vous l'ai dit, ont à peu près disparu. On ne saurait donner à ce qui en reste le nom de taillis ou de futaies.
Figurez-vous, sur les pentes raboteuses, des troncs clair-semés
de chênes et de buis, dont les branches, coupées tous les trois
ans, sont converties en fagots. Les écureuils, qui trouvaient
dans ces fourrés à la fois le vivre et le couvert, s'y font de plus
en plus rares, et c'est presque un hasard d'en voir quelqu'un
sautillant de branche en branche, ou croquant des glands au
pied d'un chêne.

Si j'ajoute que les friches, les terres vaines et vagues occu-
pent le cinquième environ du territoire, vous comprendrez,
mon ami, combien persévérants et pénibles doivent être les
soins des cultivateurs pour donner à vivre en un si ingrat

---

tenbecken, en Westphalie, qui s'appelle *Bullerborn*, mot qu'il traduit ainsi :
Fons resonus, tumultuarius. — Voilà deux significations en présence, *fontaine* ou *source bouillonnante*, *fontaine* ou *source du chêne sacré*. Si l'on
considère que le ruisseau de *Bouldouyre* coule au dessous de la fontaine
miraculeuse de Saint-Pardoux, on est porté à admettre que son nom lui
vient des chênes qui autrefois ombrageaient cette fontaine ; il y a aujour-
d'hui des peupliers, mais qui ne prouvent pas contre cette opinion. Au reste,
il faut avouer, au bénéfice de l'autre hypothèse, que le ruisseau en question coule, court plutôt, avec un bruit qui passe murmure.

terrain. Tous, hors un seul, l'exploitent par eux-mêmes, et d'après un mo le de culture très simple. L'assolement est biennal. A une année en blé succède une année en maïs et en légumes, ces derniers dans une proportion moindre. Les terres ne sont jamais en repos, ce qui ne prouve pas d'ailleurs qu'elles soient fertiles : l'expérience a permis de constater que les jachères n'y ajoutent rien au produit de l'année suivante, qu'elles y sont, à vrai dire, en pure perte. Les prairies artificielles sont à peu près inconnues, et il est probable qu'elles le seront longtemps encore, car, avant de songer à l'élève des bestiaux, les habitants doivent pourvoir à leur propre subsistance. A l'exception d'un très petit nombre de moutons et de brebis, on n'entretient que les animaux indispensables à l'exploitation. C'est tourner dans un cercle vicieux, car le défaut d'engrais gêne la production. Le rapport de la semence au produit n'y dépasse pas, en effet, année moyenne, celui de un à six.

Les vignes sont généralement disposées en quinconces, deux mètres séparant chaque rangée. Comme on ne leur consacre guère que les déclivités rocailleuses et de très mauvaise nature, la charrue n'y pourrait servir même aux premières façons. Si misérable que soit un lopin, pour peu qu'elle trouve à s'y loger et qu'on y retienne la terre par des gradins, la vigne y croît et y prospère. L'industrie agricole, à ce point de vue, est admirable. On voit des rangées de ceps déployer leurs frondaisons sur des coteaux dont la convexité semble exclusive de toute culture. A peine s'y peut-on tenir debout et l'on s'expose aux plus effroyables chutes si l'on ne regarde pas où l'on met les pieds : c'est à donner le vertige. Une autre particularité de ces crus, c'est l'interruption des rangées par les saillies de la roche sous-jacente. Les plaques grises qui, par intervalles, font tache sur le sol blanc, sont des affleurements calcaires que le pic n'a pu entamer. Le travail, sur ces rudes fonds, se fait au moyen de deux outils dont un, le *fessou,* formé d'une hampe arrondie qui se termine en pointe unique, est une sorte de

charrue à main, tandis que l'autre, le *bencat*, armé de deux
dents verticales, sert au béchage de la terre, là où cette opéra-
tion est praticable. Le vin, d'ailleurs, est excellent dans ces
calcaires feuillés dont les joints offrent un lit aux racines, mais
la production y est très restreinte. Un hectare, année moyenne,
n'y donne guère que huit hectolitres.[1] La vigne y fournit, en
revanche, une assez longue carrière puisque, à l'âge qui marque
ailleurs le terme habituel de sa fécondité, elle produit en quantité suffisante des vins extrémement délicats. Cette vitalité
merveilleuse s'est encore affirmée par un privilége exceptionnel
sous le règne de l'oïdium. Ce cryptogame a respecté les vignobles de la région : aussi les propriétaires, trouvant un haut
prix de leurs vins, les ont-ils vendus au lieu de les boire. Pau-
vres généralement, puisqu'ils consommaient l'entier produit de
leurs vignes, pour s'être mis à la *piquette*, en dix ans, ils ont
fait fortune. A Cambayrac, où huit habitants sur dix mendiaient
de temps immémorial, l'aisance est désormais bien assise ; seuls,
des étrangers, des *passants* tendent la main.

Vous me reprochez déjà, mon ami, vous dont la commune
est un immense verger, de ne vous avoir rien dit encore des
arbres fruitiers qu'on cultive à Cambayrac. L'énumération en
sera courte. Quelques cerisiers, quelques pruniers, quelques
pommiers, c'est à peu près tout, et encore convient-il de dire
que ces sujets n'appartiennent pas aux espèces les plus recher-
chées. Celles-ci sont extrémement sensibles aux influences at-
mosphériques ; elles ne résisteraient pas, me dit-on, à la violence
des vents de sud qui passent, en mars et en avril, sur ce pays
déboisé. Avant les gelées qui la désolèrent pendant les rudes

---

[1] Cette faiblesse dans la production reconnaît vraisemblablement pour
cause la prédominance des *côts* ou *Auxerrois* dans les vignobles du Quercy.
Telle est l'opinion exprimée par notre illustre viticulteur, M. le docteur
Guyot, dans le chapitre de son *Etude des vignobles de France*, consacré
au département du Lot, tome II, p. 26.

hivers de 1829 et 1837, la commune de Cambayrac possédait un grand nombre de noyers ; presque tous périrent. Ceux qui décorent les alentours du village sont assez beaux pour donner tort à l'incurie des habitants qui n'ont pas su renouveler une source assurée de revenu.

Les ressources qu'on tire de la culture sont, vous le voyez, des plus faibles. Eh bien ! des intempéries fréquentes, gelées, grêles, pluies inopportunes suivies de longues sécheresses , viennent encore les amoindrir. De ces fléaux, tous désastreux, le pire, ici, c'est le manque d'eau. Les fruits en pâtissent ; combien plus les hommes ! Partout ailleurs, quand les sources sont à sec, les puits suffisent d'ordinaire aux besoins quotidiens des habitants. A Cambayrac, les puits même tarissent, et il faut aller puiser l'eau à une fontaine éloignée dont je vous dirai tout-à-l'heure la légende, et qui, par malheur, n'a pas de quoi satisfaire à la consommation du chef-lieu, ce qui oblige à pousser plus loin encore, jusqu'à la commune voisine.

Rude vie, n'est-ce pas ? Mais on s'y fait ; on n'en est même pas mécontent. Une constitution robuste, un régime sobre, un climat sain donnent des forces contre les privations. Ces braves gens s'endurcissent de bonne heure. On n'a qu'à regarder leurs habitations. Ecrasées, petites pour la plupart, mal éclairées par une porte trop basse et une fenêtre trop étroite , elles offrent à peine les rudiments du bien-être. Me croirez-vous si je vous dis qu'elles n'ont de vitres que depuis quinze ou vingt ans ? Il en est ainsi pourtant, et j'ajoute que meubles, nourriture, vêtements d'homme et de femme, tout est au même niveau.

II

Le hameau se compose de dix ou douze maisons noires, tristes, rechignées, à qui celle de notre ami, gaie sous son crépissage clair, ses roses-banks et ses glycines, semble faire l'affront

tous les jours. Mais patience, l'une après l'autre, vous les
verrez se piquer d'honneur. Celle-ci qui, à l'entrée, par la côte
de Sauzet, présente son rectangle nu et les volets de ses fenêtres
tenant, par miracle, à un seul gond, il l'a dernièrement achetée,
et je suis sûr qu'avant deux mois, elle aura tout à fait
bon air. Cette autre, qui lui est contiguë, en face de la route
de Trébaïx, et qui abrite, dans une boutique semblable à un
antre, l'ombre d'une mercerie, il va la démolir sans pitié pour
dégager la place et les abords de l'église. S'il continue ainsi, il
finira par avoir tout le village et par le refaire à sa guise, en le
démolissant à moitié.

Un mot de l'église. Elle le vaut, en dépit de la façade greffée à
l'avant-dernier siècle sur sa nef et son abside romanes. La
voûte, d'une assez belle hauteur, est ornée de nervures en saillie
qui dénoncent le xvr⁰ siècle, et le chœur, du sol au plafond,
est revêtu de beaux marbres d'Italie, que des cartouches en
plâtre blanc enferment dans un lacis de rocailles. Cette orne-
mentation luxueuse a dû coûter des sommes folles. L'achat de
ces marbres étrangers, et leur transport sur ce sommet perdu,
par des chemins impossibles, sont dus à M. de Folmont, le
dernier prieur, je crois, de Cambayrac. C'est l'œuvre de toute
une vie; c'est riche d'aspect, et plein de bonne intention,
mais quel argent mal dépensé! Et qu'on voudrait voir l'édifice
réduit par une restauration discrète à son élégante simplicité
d'autrefois! [1]

Il n'y a pas d'autre monument dans le chef-lieu de la commune et je vais, si vous voulez bien me suivre, vous montrer

---

[1] Dieu me garde de tout sentiment d'irrévérence envers la mémoire de
M. de Folmont et celle de M. Géraud Bessières « bienfaiteur et collabora-
teur des embellissements de l'Eglise ! » Je n'ai voulu dire qu'une chose, à
savoir qu'ils professaient le goût de leur temps, qui était... mauvais. Féne-
lon, avant eux, n'avait-il pas déclaré « détestables et barbares » les chefs-
d'œuvre de l'architecture religieuse au moyen-âge ?

les curiosités éparses sur son petit territoire. Laissez-moi pourtant vous présenter à notre hôte, et vous faire les honneurs de sa maison.

Elle est, comme le propriétaire, simple, aisée, on ne peut plus accueillante. Un perron assez élevé donne accès, par un promenoir ouvert, à un cabinet d'étude où des livres, de vieilles faïences, des porcelaines de Sèvres et de Saxe révèlent des goûts distingués et délicats. A gauche, en entrant, un bureau chargé de papiers en bon ordre et surmonté de cartons étiquetés avec soin, témoigne que le sentiment du beau n'exclut pas celui de l'utile. Comme vous, notre ami est maire de sa commune, et c'est chez lui, faute de mieux, (trouverait-on partout aussi bien ?) que se conservent les papiers publics. Du fauteuil placé devant son bureau, il peut voir, en levant les yeux sur une lithographie rarissime, le doux et fier visage du maréchal Bessières, un grand homme de bien, dont il s'honore, sans vanité puérile, d'être le parent et de porter le nom. Au reste, animé du même esprit, du même cœur, faut-il dire, il passe son temps à s'oublier pour les autres. La porte du cabinet où nous sommes s'ouvre à toute heure du jour. C'est un ami, toujours venu d'assez loin, un marchand colporteur, un mendiant, un couple en querelle. L'affluence des administrés ne se concilie d'ailleurs pas sans peine avec l'exiguité du chiffre officiel de la population. On croirait qu'ils ont tous ou à demander quelque faveur, ou à se plaindre de quelqu'un, ou à prendre des conseils ou des remèdes ; car notre ami, j'oubliais de vous le dire, est maire, avocat, juge de paix, médecin, pharmacien même. Il va jusqu'à se mêler de l'hygiène des âmes, et je crois que ses avis paternels valent parfois autant et mieux que des sermons.

Du cabinet, on passe au salon, au musée plutôt, tant les choses agréables à la vue s'y pressent sans confusion. Pas de chefs-d'œuvre, non, mais des œuvres charmantes. En tableaux, une fine marine de Joseph Vernet ; une *Sainte Famille* de l'École

romaine, peinture large, grasse, un peu facile, dont l'auteur a
su exprimer l'exquise pudeur de la Vierge et l'orgueil ému de
la Mère ; deux petits panneaux, débris heureusement retrouvés
d'une *Salutation angélique* et représentant à mi-corps, avec la
grâce maniérée de la Renaissance italienne, la Vierge Marie et
l'archange Gabriel ; le *Tonnelier*, de Behaeghel, un maître fla-
mand qu'Agen adopta, et qui, fidèle à sa nationalité, tout en
devenant Gascon, s'est obstiné à peindre des intérieurs sous le
beau ciel de notre Midi ;[1] enfin, deux gouaches sur vélin touchées
avec finesse et qu'on attribuerait volontiers, sinon aux Teniers,
du moins à quelqu'un de leurs élèves.

A côté de nombreux émaux, parmi lesquels un *Saint Joseph*,
de Noël Laudin, œuvre estimable d'un artiste qui devait finir en
fabricant, un *Saint Pierre* et une *Magdeleine* de Jean Laudin,
son frère, d'une douceur de tons remarquable, je cite, pour
mémoire, une collection double des *Douze Césars*, en émail et
en ivoire ; un reliquaire ovale en argent portant deux mignons
petits émaux ; de superbes vases du Japon, et un magnifique
Christ d'ivoire, épave du naufrage social où disparut, avec tant
d'autres, en 1793, la fortune des Lostange.

Je n'en finirais pas, si je m'amusais à tout décrire, et j'ai vraiment tort de vous promener dans la maison quand les blancs
sommets et les vals noirs nous appellent. Laissez-moi pourtant
vous montrer le dernier ouvrage d'un illustre céramiste, notre
compatriote, Honoré de Saint-Amans.[2] De cette urne aux riches
décors, aux tons intenses, au galbe élégant, où je note, tout
bas, un imperceptible défaut de proportion entre la panse et le
pied, il n'a été fait que trois exemplaires : celui-ci, celui qu'on

[1] Behaeghel (Théophile), élève de David et de Guérin, né à Ypres (Bel-
gique) en 1795, professa pendant six ans, à Agen, où il s'était fixé vers 1825.
Il mourut à Cahors vers 1843 ?

[2] Boudon de Saint-Amans (Honoré), né à Agen, en 1770, mort dans la
même ville, le 1er mars 1858.

peut voir dans la collection laissée par l'auteur, enfin celui que
conserve avec bonheur la manufacture de Sèvres dont le labo-
ratoire vit naître ce bel ouvrage.

III

Sortons maintenant, si vous voulez, et, tout au long de ces
vignobles aux pampres désordonnés et rampants, dirigeons-
nous à l'est, vers le pli de terrain d'où montent ces futaies.
Quelle route ! Des pierres partout, à droite, à gauche, au milieu
de la chaussée ; et de quel calibre, grand Dieu ! De véritables
quartiers de roche. Et puis des trous, des ravins, des fon-
drières qui font de la marche un perpétuel problème et du piéton
légèrement chaussé, plus qu'un malheureux, presque un martyr.
Sans compter que, de loin en loin, les chercheurs de truffes,
fouillant dans l'accotement, ont poussé leur tranchée jusqu'au
chemin et au-delà, comme vous voyez. N'importe ! poursuivons.

Cette vallée sombre, étroite, aux pentes roides, où le chêne,
le noyer, la vigne, se disputent l'air et le terrain, c'est l'*Andorre*
de Cambayrac. Si cette dénomination éveille en vous l'idée de la
république minuscule établie entre la France et l'Espagne, n'en
soyez pas trop surpris ; ce n'est qu'un terme générique qui a
le sens de « défilé, vallée circulaire à parois percées de grottes.¹ »
N'est-il pas vrai qu'elle convient au lieu solitaire que nous tra-
versons ? La falaise abrupte que voici à gauche, c'est le *Roc des
cas*. De son sommet, haut d'au moins cent mètres, on précipite

---

¹ Du préfixe *an* équivalant au grec ἀμφι, autour, et du sanscrit *Daré*,
Déré, vallée, caverne, grotte. La racine de ce mot est *Dividere*, en persan
Daridan, qui veut dire déchirer, en arménien *Dzor*, et, par réduplication,
Dzordzor, aussi vallée, défilé. — Voir A. de Chevallet (*Formation de la
langue française*), tome II, page 297, et Pictet (*Origines Indo-Euro-
péennes*), tome I, page 134.

les chiens errants, bouches dangereuses ou simplement inutiles : une parodie de la roche Tarpéienne ! Celle-là autre, c'est *las Crosos roussos.* Elle doit son nom aux creux plus ou moins profonds qui se découpent dans sa strate, colorés par de l'oxyde de fer et abritant des familles de corbeaux d'une extrême voracité.[1] Plus loin, voici le *Roc dé fer*, dont la dureté se rit de l'outil ; plus loin encore, tout au bout de la vallée, se profile le *Roc del Tsuyou*, curiosité naturelle peut-être, peut-être aussi œuvre d'un art primitif, que j'ai à vous montrer de plus près et qui mérite en effet qu'on s'y arrête.

Vous n'avez vu que la *Petite Andorre.* C'est accidenté, c'est pittoresque, mais de combien moins sauvage que l'autre portion du val, connue sous le nom de *Grande Andorre !* On se sent vraiment saisi devant cette large brèche ouverte au cœur de la roche par une violente oscillation de la chaîne. De tous côtés, la falaise est en surplomb : ici dorée par le soleil, là noircie par les pluies d'orage, verte de mousse là grise de lichens dans les coins obscurs où rampe la brume. Au faîte du roc avancé qui commande la gorge, cette caverne qui bée comme la bouche d'un four colossal, c'est la *Fin du monde.* Ne croirait-on pas, en effet, qu'il n'y a rien au-delà de ce bloc formidable et qu'à moins d'être fou, on n'en saurait tenter le passage ? Nul, assure-t-on, ne s'y est risqué, et la grotte est vierge de pas humains. Tout en face, à l'extrémité d'un cap que forme un repli du jurassique, au-dessus d'un fouillis inextricable de vignes sauvages, de ronces, de prunelliers, cette autre caverne, large aussi, mais peu profonde, une sorte de bassin gigantesque, c'est *Roquopayrolo.*[2] Si nous prenons le sentier qu'elle domine, en nous résignant à cheminer, tantôt en l'air sur d'énormes éboulis,

---

[1] C'est une espèce particulière connue dans le pays sous le nom de *per carnassié.*

[2] Littéralement *Roche-Chaudron*, c'est-à-dire creusée en forme de chaudron.

tantôt dans l'eau jusqu'à mi-jambes, nous serons au *Peyre* en quelques instants. On appelle ainsi le carrefour naturel que forment, à leur rencontre, ces trois couloirs solitaires. A la base d'un des coteaux que voilà, je vous montrerais, si le temps ne nous pressait, une grande croix de Malte, sculptée sur la roche vive. Cet emblème servait de borne,[1] dans la direction de l'ouest, aux possessions forestières de la commanderie de Trebaïx,[2] extrêmement subdivisées aujourd'hui et transformées en petits vignobles.

Je vous ai parlé du *Roc del Tsayan*. Mieux vaut, pour l'aller voir, revenir au bourg que de gravir le coteau, très abrupte en cet endroit. Il est profondément implanté dans le sol d'une vigne très déclive, et se compose de deux blocs superposés, dont la masse entière mesure six mètres cubes. Un robuste lierre, naissant au pied du plateau qui supporte l'ensemble du monument, enveloppe les blocs de ses rameaux, les mord de ses suçoirs et les rattache étroitement l'un à l'autre. N'en formaient-ils qu'un au début ? Il serait imprudent de l'affirmer. Si la netteté, l'horizontalité de la ligne de partage excluent l'idée de fracture accidentelle, il y a eu superposition voulue, c'est-à-dire effort colossal, dépense énorme de force et d'adresse. On se demande, d'un autre côté, si cette horizontalité ne serait pas l'effet de la disjonction naturelle de deux strates ? Ce qui est sûr,

---

[1] M. Dessières m'a montré, dans un tas de décombres, une grosse pierre isolée taillée en forme de croix de Malte et dont la destination était probablement identique.

[2] Ancienne commanderie de l'ordre de Malte, Trebaïx est une paroisse de la commune de Villesèque. Des recherches sur la signification de son nom m'ont amené à le rapprocher de celui des Triboci, au sujet desquels je trouve dans R. de Belloguet (*Ethnogénie gauloise*), tome I, page 414, 2e édition, ce qui suit : « *Triboci. — Per clives habitantes.* (Irl. *Tri*, prépos., et *Bokaim*, pente douce.) » On retrouve dans cette signification les molles ondulations du territoire de Trébaïx, mais l'e de Trébaïx manque dans *Triboci*, ce qui infirme, il faut bien le reconnaître, l'assimilation proposée.

c'est que le bloc inférieur, plus gros du double que l'autre,[1] ne paraît pas être une production locale, nulle trace d'affleurement rocheux ne se montrant à ce niveau. S'il est là, c'est qu'on l'y a mis. Qui? La légende le sait bien. Quand on bâtissait l'église de Cambayrac, il y a plusieurs milliers d'années, un géant et sa femme, bons chrétiens par hasard, résolurent de contribuer à sa construction. Ils allèrent choisir deux beaux quartiers de roche, en chargèrent leur dos, et s'acheminèrent vers le bourg. Comme ils arrivaient où nous voici, on leur apprit qu'ils venaient trop tard, l'église étant faite et parfaite. Si ces braves gens eurent un regret, ce ne fut pas d'avoir sué à la tâche, — car les blocs ne leur pesaient guère plus qu'un fétu, — mais d'être en défaut pour une bonne œuvre. Que faire cependant? Ils laissèrent retomber leur charge l'une sur l'autre, et les blocs, retenus par leur poids, n'ont pas bougé.

Un peu au-dessus, vers la crête du plateau, dans le même vignoble d'ailleurs, existe une autre curiosité. Ce sont quatre pierres non taillées, dressées dans le sens de leur longueur, et régulièrement espacées. A leur aspect, vient à l'esprit la même question que tout-à-l'heure, mais la réponse est plus facile. Si ces étranges monuments résultaient de la désagrégation d'un roc voisin, ils seraient, non pas dressés, mais couchés, gisants à terre. Interrogez à cet égard le propriétaire du lieu, il vous répondra ceci, comme à nous, de l'air le plus naturel du monde : « Mon père m'a souvent dit, en me montrant ces quatre pierres, qu'il les avait toujours vues là, et qu'elles y étaient au temps de son père et de tous les anciens. — « Caddet, ajoutait-il,

---

[1] Dimensions du bloc inférieur :

Longueur moyenne, 2ᵐ 10 ; largeur 2ᵐ ; épaisseur 1ᵐ ; volume.. 4ᵐ 20ᵉ

    Dimensions du bloc supérieur :

Longueur moyenne, 2ᵐ ; largeur 1ᵐ 80 ; épaisseur 0ᵐ 54 ; volume. 1   94

                Total.................... 6ᵐ 14ᵉ

écoute-moi bien : si jamais quelqu'une tombe, n'y touche pas au moins ; et qu'elle reste où elle sera tombée ! »

Avant de rentrer à Cambayrac, reposons-nous sous le massif de peupliers que vous voyez au tournant de ce coteau. Cet arbre aime les plaines fertiles, les prairies ceintes de ruisseaux dormants. D'où vient qu'il se plaît sur ces hauteurs, qu'il y brave impunément le soleil ? C'est qu'une fontaine abondante maintient autour de ses racines une perpétuelle fraîcheur, une humidité..... miraculeuse. Je vous annonçais, en commençant ce récit, la légende de cette fontaine ; quel lieu mieux choisi pour vous la dire que l'édicule consacré au saint dont la vertu la fit sourdre du rocher ?

IV

Ce saint homme était natif de Luzech, un beau grand village bien vieux autour duquel le Lot se joue en un circuit charmant. Les bonnes œuvres découlaient de ses mains comme la rosée du ciel, et sa charité n'avait pas de bornes. Où qu'on l'appelât, il allait, quelque temps qu'il fît, quelque heure qu'il fût, qu'il s'agît d'un payen ou d'un chrétien. Il visitait .outes les églises du pays et y faisait tour à tour ses dévotions, mais il aimait surtout celle de Cambayrac. C'est au point qu'à plusieurs reprises, il témoigna le désir que ses restes y fussent déposés. Il arriva pourtant, à sa mort, qu'on ne tint nul compte de ce désir, et qu'on ensevelit son corps dans l'*Impernal*, cette montagne qui domine, au nord, le *barry* et le château de Luzech. Comment cela se fit, on l'ignore. Ce qui est sûr, c'est que le défunt ne fut pas content, et qu'il confia par deux fois sa peine au prieur de Cambayrac.

En réparant la faute commise au détriment d'un aussi saint personnage, le prieur assurait à sa paroisse grand bonheur

d'abord, puis grand profit : deux motifs pour n'y point tarder.
Il s'en ouvrit au curé de Luzech, qui n'y vit ombre de difficulté,
et l'affaire eût été vite arrangée si l'on eût vraiment su où gisait
le corps du saint. J'avais oublié de vous dire que les habitants
de Luzech et des localités voisines, ayant, par trois fois et sans
prendre avis de Rome, proclamé la sainteté de Pardoux, avaient
inhumé secrètement sa dépouille et refusaient de s'en dessaisir.

Les deux prêtres ne perdirent pas courage. Ils se rendirent en
procession sur les lieux et, avant toute recherche, invoquèrent
Dieu, les Anges et les Saints du Paradis ; puis ils fouillèrent dans
tous les coins et recoins, sans rien trouver. Ils allaient renoncer
à leur poursuite quand le prieur se sentit tout à coup arrêté
dans sa marche. Comme il passait près d'un buisson, une épine
s'était prise à son surplis. Voies mystérieuses de la Providence !
Tous les méconnurent, hors le vieux prieur. Un trou fut, par
ses soins, creusé près du buisson, et le corps apparut dans sa
glorieuse intégrité. Prêtres, vierges et veuves, menu peuple,
jusqu'au fossoyeur, saisis d'admiration et de crainte, tombèrent
à genoux, se signant devant la relique miraculeusement re-
trouvée, et rendant gloire à Dieu qui leur faisait cette grâce.

Le jour tombant, on remit au lendemain la cérémonie de la
translation à Cambayrac. Les cloches sonnèrent toute la nuit,
appelant à prendre part à la fête les habitants des paroisses voisines. Il en vint d'Albas, de Cami, de Saint-Vincent, de Roques,
de Salles, de Cournou, même de Trébaïx, Sauzet et Villesèque.
Je ne parle pas de Cambayrac dont le contingent fut tel qu'il ne
resta dans le bourg qu'un pauvre vieillard perclus des deux jam-
bes. La procession se mit en marche, gravissant un sentier
roide, tracé dans le flanc de la montagne. Le trajet était long,
le soleil ardent, et il n'y avait pas un nuage au ciel, pas une
brise dans l'air. Comme on arrivait sur un point très escarpé et
si aride qu'aucune herbe n'y poussait, une femme qui allait de-
venir mère, prise d'une soif ardente, se sentit défaillir. Suivre la
procession jusqu'au bout, c'était son vœu le plus cher, car elle

avait autant de foi que de soif. Elle essaya, mais les forces lui manquèrent. N'y tenant plus : « Que j'ai soif ! dit-elle. Bon Saint Pardoux, donnez-moi de l'eau ! » Le dernier mot de ce fervent appel était à peine tombé de ses lèvres qu'un filet d'eau claire se mit à couler. Il n'a jamais tari depuis ce temps, et c'est le même qui entretient la fontaine dont le murmure accompagne ce récit.[1]

V

J'aurais pu vous montrer de Saint-Pardoux un groupe d'arbres et de maisons qui se dessine élégamment au faîte du mamelon opposé. Montons-y, s'il vous agrée, mais ne nous pressons pas, car l'ascension sera rude. La grotte creusée dans le roc qui dresse en face de nous son triangle émoussé, c'est la *Croso-del-Liaü*, une appellation que j'avoue ne pas comprendre. Suivons le ruisseau plus que modeste aujourd'hui, mais parfois torrentueux, qui débouche sur la route ; prenons l'étroit sentier qui monte

---

[1] Cette fontaine ne tarit jamais et donne toujours la même quantité d'eau. Son débit naturellement plus fort dans les années pluvieuses, ne tarde pas à reprendre sa mesure accoutumée, et il s'y maintient malgré les sécheresses qui trop souvent désolent le pays. Quand ce fléau se produit, des processions sont faites en vue de le conjurer. On y transporte solennellement, avec l'autorisation de M⁰ʳ l'Évêque de Cahors, les reliques de Saint Pardoux et, si j'en crois les bonnes âmes, la soirée ne se passe pas que la pluie ne tombe. On m'assure encore que les femmes enceintes, quand elles sentent approcher leur délivrance, ne manquent pas de prier Saint Pardoux de leur obtenir une *bonne heure*. En cas pareil, la mère de Henri IV demandait la même assistance, à *Notre-Dame-du-bout-du-Pont*.

La fontaine de Saint Pardoux et les terrains environnants sont désignés, de temps immémorial, dans les actes publics, le cadastre et le langage ordinaire, sous la dénomination de *Saint-Pardoux*. (Voir le cadastre de Cambayrac aux fᵒˢ 34, 54, 71, 181, etc. Voir également, à la fin de la

obliquement, puis arrêtons-nous pour respirer. Nous voici à Marcayrac. On a ici le panorama de la vallée et de la haute plaine idéalisée, embellie par la distance. Ce n'est pas toutefois pour cet aspect que je vous ai conduit si haut et si loin. Dans une vigne d'où l'œil plonge avec délices sur la *Cévenne* [1] de Luzech, existe une pierre-levée qu'on voit de très loin à l'horizon. Elle est en calcaire jurassique, et percée d'un trou oblong aux deux tiers de sa hauteur.[2] Sa forme est des plus irréguliè-

----

présente notice, le procès-verbal de la translation des reliques de Saint Pardoux dans la châsse de l'église de Cambayrac.)

La paroisse de Cambayrac n'a pas d'office propre du Saint. Lorsqu'on y fait, en son honneur, des processions et des prières publiques, on se borne à mettre *Sanctus Perdulfus* à la place de N, dans les oraisons communes à plusieurs saints.

Trois églises de l'arrondissement de Marmande (Lot-et-Garonne) sont sous l'invocation de Saint-Pardoux. Elles figurent dans un pouillé manuscrit du xvie siècle, sous les dénominations suivantes :

« *Beatus Perdulfus de Cissaco, propre Miramontem...* etc.

« *Beatus Perdulfus de Breuilho, ex dominio Marmandæ...* etc.

« *Beatus Perdulfus de Tailhabourg,* in dominio domini de La Force, dicto de Cavomente... etc.

Cette popularité de Saint Pardoux dans cet arrondissement explique la publication d'une brochure imprimée à Marmande même, il y a quelques années, chez M. Avit Duberort, sous ce titre : *Saint Pardoux, abbé de Guéret, par C. J. B. J.* Elle est devenue assez rare pour qu'il m'ait été impossible de m'en procurer un exemplaire.

[1] On appelle *Cévennes*, dans le pays, les hautes falaises inaccessibles et nues au pied desquelles coule le Lot dans la plus grande partie de son parcours. La signification de ce terme générique est celle d'une chaîne escarpée, pendante, pour ainsi dire ; témoin ce vers de Silius Italicus, 4,160 : « *Cana pendentes rupe Cebennas.* »

[2] M. Labourt (*Recherches sur l'origine des Ladreries, Maladreries et Léproseries*), Paris, 1856, p. 66 et suiv., donne le dessin d'une pierre, analogue à celle-ci, qui existe dans le Loir-et-Cher, sous le nom de *Pierre-percée*. M. Labourt ne juge pas que le trou d'où elle tire son nom soit une

res, et s'il me fallait la décrire, je serais très embarrassé. Ce dont elle diffère le moins, c'est une pyramide tronquée au sommet. On a fait des fouilles à sa base et dans un périmètre assez étendu : elles ont produit des sépultures dont on n'a pas caractérisé l'âge, et qu'on n'a pas eu le soin de conserver. J'ai, dans le temps, appris du sieur Chateau, le paysan à qui appartient la vigne, qu'elles consistaient en bières maçonnées surmontées d'un couvercle monolithe. En ce qui regarde la *Peyro-lebado*, il m'affirma, d'un air convaincu, qu'elle s'enfonce dans le sol d'autant qu'elle s'élève dans l'air, ce qui fait qu'elle ne craint rien, « ni l'autan, ni la bise, ni le Diable ! »

---

simple vacuole, il suppose qu'on l'a pratiqué avec intention. Les pierres ainsi percées n'étaient pas isolées, selon cet auteur ; une table, un Dolmen s'appuyaient contre une de leurs faces, faisant du tout un édicule capable d'abriter plusieurs personnes, spécialement des malades. De même que nous appelons *In-firmes* ceux que renferment les *infirmeries*, on appelait *Æ-groti* ceux qu'abritaient ces *grottes* factices. Quant à l'ouverture pratiquée dans la pierre de fond, elle servait à des rites spéciaux ayant pour but la guérison ou le soulagement des malades. Cette théorie semble tirée de bien loin. Constatons toutefois qu'à deux ou trois cents pas de distance de *Peyro-lébado*, dans la pente qui va vers Luzech, existe une fontaine dite *del Goutal*, dont l'eau passe, de temps immémorial, pour guérir les maladies et fortifier les constitutions débiles.

Revenons à notre pierre-levée. Si l'explication que je propose est plausible, elle aurait donné son nom au groupe de Marcayrac. Les mots *Cayre*, *Cairn*, *Cher*, *Quer* ont le sens de pierre ou roche. Ils entrent, avec cette signification, dans la composition de nombre de noms de lieux en France, en Italie, en Espagne. — D'autre part, *Marc*, *Marcq*, *Marck*, est un radical qui veut dire limite, frontière. *Marcayrac* serait la *pierre limite*. Qui nous dira que le vénérable monument auquel se réfère cette note n'a pas, en effet, délimité un ancien pagus, devenu plus tard la seigneurie de Luzech ? Il y a, en Flandre, le lieu dit de *Marck-steen*, en latin *lapis terminalis*. Voir Mannier (*Etude sur les noms de ville*), pag. XXXIII, et Houzé (*Signification des noms de lieux*), pag. 33.

Dimensions de la pierre-levée de Marcayrac : Hauteur totale, 2m40 ; largeur moyenne, 1m20 ; épaisseur moyenne, 0m27.

VI

Notre promenade touche à son terme, et vous connaissez à peu près toutes les curiosités de la commune. Au lieu de rentrer par le chemin neuf, un des bienfaits de notre cher maire, nous regagnerons le logis par la vieille côte qui mène à Lazech. Il y a tout au haut de son parcours, dans un coin perdu, un vieux puits tari auprès duquel, si ce qu'on dit est vrai, il se passe des choses étranges. Peut-être s'en passait-il davantage autrefois, mais le lieu, pour sûr, est mal hanté, et ce n'est pas sans émoi, ni parfois sans ressentir le frisson dont parle Job, que le paysan attardé se risque, minuit sonnant, à côté du *puits du Drac*.[1]

Vous savez ce qu'est le Drac? Une fée, un dragon,[2] un loup-garou, une bête qui aime à vexer les gens et leur fait toutes sortes de malices. Il ne se cache pas d'ailleurs; il vit en plein air, mais surtout au clair de lune. C'est un personnage très connu ici. Il n'est pas un villageois qui ne l'ait oui, qui ne l'ait vu, qui n'ait été plus ou moins sa victime. Tenez, parlez-en à Jean Devès, un des anciens de la commune, brave homme, s'il en fut, et crédule, Dieu sait! de bon conseil d'ailleurs en

----

[1] Le *puits du Drac* est mentionné dans le terrier de Cambayrac, notamment aux folios 26, 272, 312, 315, 347, etc.

[2] Ducange, dans son *Gloss.*, v° *Dracus*, donne les indications suivantes : « Species Dæmonum, qui circa Rhodanum fluvium in Provincia, visuntur formâ humanâ et in cavernis mansionem habent : de his multa habet Gervasius Tilleberiensis in libro III s. de Otiis Imp. Decis. 3, cap. 87 &. — Occitanis ctiam... *Drac, Drago* est une *fée, Nympha* : hinc *fa lo Drac* pro *faire le Diable*, &. Unde *Drago*, pro venefica, vulgo sorcière.... » En sanscrit, le Drac s'appelle *Druh*, il passe pour un démon mâle ou femelle, malfaisant, nuisible, de la racine *Druh* = nuire. Une inscription de Persépolis donne *Druga*, nom d'un esprit malin. Dans les Triades galliques, *Drwg* représente une personnification du mal. Voir Pictet (*Origines indo-européennes, essai de paléontologie linguistique*), t. II, p. 635-636.

toutes choses, éveillé, respecté de ses voisins, comme un patron qui a su mener sa barque. Je l'avisai un de ces jours appuyé sur son bâton près de l'entrée du village, et, allant à lui : « Que faites-vous là, Devis ? lui dis-je. — Il mit sa main devant ses yeux que le soleil faisait clignoter, et regardant du côté de Saumane de gros nuages noirs qui chassaient de l'ouest : — Ce que je fais, Monsieur, répondit-il, je guigne un mauvais air. M'est avis qu'il y a quelqu'un, vers Saumane, qui jette l'orage de ce côté-ci. — Qui aurait ce pouvoir, mon brave ? repris-je. — Le Drac, répondit-il simplement. — Le Drac ! y croiriez-vous ? répliquai-je. — Si j'y crois ! fit-il. Ah ! Monsieur ! mon pauvre père l'a vu et j'y crois comme à *Notre Seigneur !* » Il me raconta alors ce qui suit, lentement et comme il eût raconté le fait le moins discutable : [1]

« De mon temps, on ne pouvait passer au puits du Drac, après neuf heures du soir, sans y voir une chèvre blanche ou trois lumières. Je me souviens d'avoir vu souvent ces lumières, à minuit, sur la maison de la Boussonerie ou sur celle du Liron. C'était le Drac qui, établi au puits, faisait peur au pauvre monde, ou cherchait à le tenter ; parce que, voyez-vous ? le Drac, c'était bonnement le Diable, qui était venu dans notre pays. Alors, nous n'étions que des sauvages ; il n'y avait ni messe, ni vêpres, et l'on ne sonnait plus l'Angelus.

« Ma mère nous disait souvent, à la veillée, qu'un soir, à dix heures, notre père était allé faire un tour à la pièce de terre que nous avons dans la plaine, et qu'arrivé dans le bas-fond, là où les pieds de vigne sont hauts comme des pruniers, il vit une chèvre blanche de la grosseur d'un âne ; qu'il l'avait

---

[1] J'ai traduit exactement le récit du vieux Devis. On en trouvera le texte patois à la suite de cette notice avec celui des deux autres contes qu'on va lire. (Voir page 125.)

voulu chasser à coups de pierre , mais qu'elle n'avait pas bougé plus qu'un terme ; qu'alors, la peur l'avait pris, qu'il n'avait eu rien de plus pressé que de rebrousser chemin et que , lorsqu'il fut arrivé à vingt pas de la *Croix petite* , il se trouva nez-à-nez avec un loup-garou qui lui dit : Etiennot, que t'avait fait la chevrette pour que tu lui jetasses des pierres ? Une autre fois, laisse-la tranquille, si tu m'en crois ! — Ayant dit cela , il poussa trois grognements : Brrrroan ! brrrroan !! brrrroan !!! qui firent retentir toutes les combes, et il disparut sans qu'on pût savoir par où il était passé.

« Ma mère nous disait que, quand notre père Etienne rentra dans la maison, il pensa s'évanouir. »

Il en est des Dracs comme de bien d'autres bêtes. Celui-ci est bon, celui-là méchant. On en cite un des bords du Rhône, qui se nourrissait de chair humaine et qui engraissait à faire peur.[1] Autres sont les mœurs des Dracs de notre région. Voyez celui de Cambayrac. On ne saurait être plus débonnaire, et l'épouvante du pauvre Etiennot témoigne simplement de sa poltronnerie. Au reste, nos bons villageois, quand ils se trouvent nez-à-nez avec le Drac, et que la peur ne les paralyse point, ont un moyen sûr de déjouer sa malice, de l'*engeigner* au moment critique : il s'agit, ni plus ni moins, de faire le signe de la croix. Si le niais avait au moins l'idée de les croquer tout d'abord ! mais non , il se laisse toujours prendre. Encore une réputation usurpée. Vous faut-il une preuve ? Ecoutez ce récit. Je l'ai recueilli de la bouche véridique de Pierre Gras, maître maçon à Trébaix.

« Bonjournal, de la paroisse de Salgues , avait mand' son bœuf

---

[1] Collin de Plancy (*Dictionnaire infernal*), au mot *Drac*

dans les foires, et n'avait pas trouvé à le vendre. Un jour qu'il y avait foire à Castelnau, il partit pour l'y mener, disant qu'il le vendrait, dît-il le vendre au Diable. Il ne trouva pas davantage à s'en défaire, et s'en revint le soir fort mécontent. Comme il se reposait un instant dans une friche, son bœuf paissant au milieu des ronces, passe un Monsieur à cheval, qui lui dit : — Eh ! mon ami, vous n'avez donc pas vendu ? Voulez-vous me le vendre à moi ? — Volontiers, fit-il, et ils se mirent d'accord. — J'entends, dit le Monsieur, que vous l'ameniez chez moi ! — Si ce n'est pas trop loin ? reprit l'autre. — Ils se mettent en route et arrivent dans un grand château. Bonjournal attache son bœuf à une crèche, dans une étable qui reluisait de partout.[1] Cela fait, le Monsieur lui dit : Venez avec moi, maintenant, que je vous paye. Il le conduit alors dans une chambre voûtée comme une église et, lui ouvrant des tiroirs pleins d'écus : Là, dit-il, payez-vous. — Non, reprend l'homme, faites-moi mon compte ! — Payez-vous, vous dis-je ! — Alors, il se paya en faisant le signe de la croix, et tout-à-coup, il se revit dans la friche, son bœuf paissant parmi les ronces, et, en place d'argent, il trouva douze pierres dans sa poche.[2] »

Le merveilleux des romans chevaleresques se mêle, dans cet autre conte, à la tradition de l'antiquité classique. Le Drac s'y fait cheval, puis centaure, et sa croupe s'allonge, au besoin, comme celle du fameux Bayard, le cheval-fée de Renaud de Montauban :

« Un mat'i de foire à Luzech, par Notre-Dame de septembre, le Drac, qui ne songe qu'à mal faire, se changea en cheval, y monta dessus, et alla se poster au bas de la côte de Bouldouyre. Arrive de Sauzet un pauvre vieux qui se rendait

---

[1] Expression patoise. — [2] Voir page 136.

aussi à la foire, et qui, trouvant là un homme de bonne
mine, lui demande s'il voudrait le prendre en croupe. —
Avec plaisir, répond le cavalier. Un peu plus loin, un autre,
allant aussi à la foire, fait même demande et obtient même
réponse. On n'était pas encore à Saint-Vincent, que vingt-
trois avaient pris place. A la Croix-de-Rigal, un autre se
présente, n'ayant guère que quatre pas à faire pour entrer
dans le bateau, mais plaignant sa peine. Comme il allait mon-
ter, lui aussi, des jeunes gens qui étaient en compagnie, de
l'autre côté de l'eau, et qui le connaissaient, lui crièrent :
Pierre, signez-vous vite ou vous êtes perdu ! — Il n'avait pas
fini le signe de la croix que l'homme et le cheval s'abîmèrent,
et l'on entendit une voix qui disait :

> « Sans un *in nomine patris*
> Vingt-quatre j'en noyais.[1] »

Dans cette lutte du mal contre le bien, du Drac ou du Diable
contre Dieu, c'est Dieu, comme de raison, qui est vainqueur.
La Sainte Vierge a aussi le dessus par la vertu de son divin
Fils : témoin cette naïve légende que récite, à la porte de l'é-
glise, une vieille mendiante, et qui me semble une merveille de
simplicité et de grâce :

« Parlons tous de la Sainte Vierge, — car celle-là nous fait
bien parler. — Mais nous autres n'en parlons guère — autant
que nous devrions le faire. — Là-bas, dans cette petite
combe, — il y a une âme pleine de péchés. — Le diable est
là qui la tourmente, — attendant la fin de son agonie. — La
Sainte Vierge y a été, — pour cette pauvre âme consoler. —
Arrière, arrière, méchante bête, — cette âme ne t'appartient
pas ! — Comment ne m'appartiendrait-elle pas, Marie ? —

---

[1] Voir le texte à la page 137.

Jamais elle ne s'est confessée. — La Sainte Vierge prend la
petite âme, — à son fils Dieu, elle va la porter. — Tenez, tenez,
mon fils Jésus, — il faut pardonner cette petite âme ! —
Comment la pardonnerais-je, Mère ? — Jamais elle n'a demandé pardon. — Si bien à moi, mon fils Jésus, — elle a
bien demandé pardon. — Elle me disait le chapelet, — et
grand plaisir elle me faisait. — Elle jeûnait le vendredi, et
bien souvent le samedi. — Posez-la ici, ma douce Mère, —
tout lui sera bien pardonné.[1] »

Cette inspiration de la piété populaire ne va-t-elle pas à votre
cœur comme un écho naïf de l'Évangile ? Que de telles fleurs
éclosent en ce pays et s'y perpétuent sans rien perdre de leur
fraîcheur et de leur parfum, voilà ce qui étonne. Mais la poésie,
comme l'esprit, dont elle est une exquise émanation, la poésie
souffle où elle veut, sur les grèves mornes comme sur les
doux rivages, sur la pauvre veuve qui mendie son pain,
comme sur la jeune mère qui berce son nouveau-né. Connaissez-
vous rien de plus charmant que cette chanson favorite des nour-
rices d'Agenais et de Quercy ? Je ne vous en donne que le sens,
car le texte lui-même n'est rien, sans la mélodie assoupissante
qui l'insinue doucement jusqu'au cerveau ?[2] Et n'oubliez pas
que le refrain se dit à voix de plus en plus basse, de manière à
ressembler à un murmure, ou, passez-moi cette expression, au
bruissement d'ailes d'un songe.

« Nanaï, sommeil, sommeil, — viens, viens, viens ! —
Nanaï, sommeil, sommeil, — viens, viens donc !

« Le sommeil s'en est allé — à Paris sur une chèvre. — Il
reviendra sur un roussin. — Le sommeil sera tôt ici.

« Nanaï, sommeil, sommeil, etc.

---

[1] Voir le texte à la page 138.
[2] Voir le texte à la page 130.

« Des grandes cloches de Paris, — une pleure, l'autre rit ;
— l'autre fait : Dondon, sommeil, ; sommeil, — sommeil,
sommeil, Dondon !

« Nani, sommeil, sommeil, etc. »

VII

Avant de prendre congé de notre hôte, permettez que je tienne
une parole engagée trop légèrement peut-être, mais dont je n'ai
pas moins à cœur de me libérer. Enfant du pays, il recueille avec
un soin filial, avec une sorte de piété patriotique, tout ce qui lui
paraît propre à jeter quelque lumière sur l'obscur passé de
Cambayrac. Il n'est personne ici qui ne le sache, et la pioche ne
met rien au jour qu'on ne s'empresse de l'en avertir. C'est
ainsi que lui sont venus les fragments de poterie sépulcrale et
le vase à anse et à bec, de fabrication gallo-romaine, qu'il conserve dans son cabinet, comme d'irrécusables témoins de l'antiquité de son village. Il sait donc, à n'en pas douter, que Cambayrac remonte haut dans l'histoire, mais le sens précis de ce
nom de lieu, voilà ce qu'il voudrait savoir, et ce qu'il s'agit pré-
cisément de chercher.

Je commence par établir que la permutation naturelle et si
fréquente de la labiale faible B en la labiale forte P permet de
choisir entre deux formes voisines, *Cambayrac* et *Campayrac*.

La première étant supposée admise, on pourrait demander le
sens du mot en question à deux autres mots que voici : *Camb*,
l'équivalent gaulois du latin *Curvus*[1] et *Ayrac*, plateau vain et

---

[1] R. de Belloguet (*Glossaire gaulois*), 2e édition, p. 411.

vide.[1] Cambayrac, je l'ai déjà dit, occupe le plateau le plus étendu de la commune, le seul qu'elle possède, à vrai dire, et ce plateau s'arrondit en demi-cercle au-dessus des vallées d'Andorre et de Bouldouyre. Cambayrac équivaudrait donc à l'expression *Ayrale curvum*, c'est-à-dire « plateau arrondi ou tournant, » comme *Cambodunum*, aujourd'hui Kempten, en Allemagne, correspond à *Ars curva*.[2]

Il peut encore résulter de l'association de ce même mot *Ayrale*, avec le mot *Camba*, qui signifie tour, d'après Ducange. Cambayrac est haut, bien posé. Son assiette, par rapport à Salles, un autre bourg des environs, en faisait un excellent poste d'observation militaire. Or, si le mot de Salles s'applique, comme le veut M. Quicherat,[3] aux habitations d'apparat des propriétaires barbares, il était naturel qu'une tour fût élevée sur le point culminant du plateau de Cambayrac, soit par le propriétaire de Salles, pour surveiller au loin du côté de Sauzet, soit par celui de Cambayrac, pour se garer contre son voisin de Salles. La signification cherchée serait, dans ce cas, « la tour du plateau. »

Dans l'hypothèse de la forme Campayrac, nous trouverons pour composants *Campus*, champ, et *Area*, qui a produit *Eyraudus*, et qui signifie aire à battre le blé, ce qui n'a rien d'invraisemblable, vu le développement sus-indiqué du plateau.

A moins qu'il ne faille voir dans Campayrac l'équivalent de « champ pierreux ; » Ducange a donné *payrerius* avec le sens de tailleur de pierre : *payrerius* suppose *payra*, et *payra* conduit à *Campus payra*. Nulle attribution ne paraît plus en rapport avec la physionomie des lieux, où le sol est à peu près recouvert d'une forte couche de calcaire fragmenté.

---

[1] *Glossarium*, V° *Ayrale*.
[2] Houzé (*Revue archéologique*, 2e série), tome XX, p. 214-215.
[3] (*De la formation française des anciens noms de lieux*), p. 55.

Je m'arrêterais volontiers à celle-là, si mon inexpérience, en des matières aussi délicates, ne m'obligeait à la plus grande réserve. N'est-ce pas pour le philologue en quête d'étymologies que semble avoir été fait ce vers :

« Devine, si tu peux, et choisis, si tu l'oses. »

Que ce soit ou non, je le prends pour moi, et m'abstiens de conclure.

APPENDICE.

I

Procès-verbal de la translation des Cendres de Saint Perdoux.

« Monseigneur,

« Votre Grandeur sait que l'église de Cambayrac a le bonheur de posséder les reliques de Saint Perdoux, inconnu dans la liturgie, mais à l'intercession duquel, dans les temps de sécheresse, non-seulement cette paroisse, mais toutes celles des environs ont eu recours de temps immémorial.

« J'ai eu l'honneur de vous exposer verbalement, il y a peu de jours, que la châsse dans laquelle ces reliques sont renfermées était vermoulue et menaçait de tomber en poussière, et je vous ai demandé, en même temps, l'autorisation d'en faire la translation dans une autre que je me suis procurée, non pas riche, mais décente, et que j'ai eu le soin de faire revêtir intérieurement d'une étoffe de soie.

« Votre Grandeur m'a répondu que cette cérémonie méritant d'avoir de la solennité, elle désignerait un commissaire pour la présider, après que je lui aurais donné quelques renseignements sur l'origine de la dévotion de ces contrées à Saint Perdoux, et sur l'authenticité de ses reliques.

« Cette tâche était pour moi assez difficile à remplir parce qu'il n'existe, dans l'église de Cambayrac, dont les archives passent d'ailleurs pour avoir été riches avant la Révolution, aucune espèce de document.

« La seule pièce où il fût question de Saint Perdoux , et qui avait été conservée, s'est égarée peu de temps avant mon arrivée à Cambayrac. M. l'abbé Cayla, mon prédécesseur, âgé aujourd'hui de 92 ans, l'a eue longtemps en main. Elle a été vue et lue par quelques personnes, notamment par M. Bessières, curé de Sauzet, âgé de 78 ans, et par son neveu, M. Bessières, notaire à Sauzet, et mon paroissien.

« C'était un procès-verbal de la translation des reliques du Saint dans la châsse actuelle, faite par un délégué spécial d'un de vos prédécesseurs, du temps de M. Lacoste, prieur de Cambayrac, prédécesseur de M. de Folmont mort lui-même depuis près de 80 ans, après avoir dirigé la paroisse pendant trente ans.

« On peut donc donner au procès-verbal cent-vingt ans environ de date, et alors, on disait aussi dans cette pièce que l'ancienne châsse tombait de vétusté.

« M. l'abbé Cayla et MM. Bessières, oncle et neveu, assurent encore que ce procès-verbal contenait des notions générales sur Saint Perdoux, dont quelques-unes ont été conservées par la tradition, sur les miracles qu'on lui attribuait, sur les processions qu'on avait toujours faites, et avec fruit, à l'oratoire qui porte son nom ; et ils ajoutent que la manière générale dont cette pièce était rédigée, le choix du délégué , qui était un haut dignitaire ecclésiastique , les termes de son mandat et la châsse elle-même qui porte encore des vestiges de ses ornements, de ses dorures et du satin dont elle était doublée, témoignent hautement de la vénération du prélat qui était alors à la tête du diocèse de Cahors, pour Saint Perdoux, et de sa foi dans ses reliques. Du reste, elles n'ont certainement été ni touchées ni changées par suite de tous les soins qui ont été pris pour leur conservation, et de l'attention que le curé de Cambayrac a toujours eue de garder la clef de la châsse et celle de la niche où elle est habituellement déposée, niche de tout temps pratiquée exprès dans le chœur de l'église et décorée par les soins de feu M. de Folmont, d'un bel encadrement de marbre.

« Après M. Cayla et MM. Bessières, j'ai encore consulté M. Anthoine, depuis cinquante ans curé de Roques, village qui touche à
Cambayrac, et quelques vieillards du lieu, entr'autres le sieur
Antoine Salinié, âgé de 88 ans, très honnête homme, doué de
la plus heureuse mémoire, et qui a eu des relations assez inti-
mes avec les anciens curés de Cambayrac.

« De leur rapport simultané, de ce que tous ont entendu ra-
conter à leurs pères et aïeux, il résulte que la tradition la plus
commune est que Perdoux canonisé, sinon avec les formes de
l'Église, du moins par la voix de la population de toute la con-
trée, était né très anciennement dans la paroisse de Luzech où
il menait une vie très sainte; qu'après sa mort, un vénérable
prieur de Cambayrac avait eu plusieurs révélations qui lui indi-
quaient le lieu où reposaient ses ossements, et le désir du Saint
qu'il fussent transportés à Cambayrac; que ces ossements furent effectivement trouvés à l'endroit indiqué, et que la procession qui les accompagnait étant arrivée, par un temps très
chaud, en haut de la montagne et au lieu où se trouve aujour-
d'hui l'oratoire, qui prit dès lors le nom du Saint, quelques
femmes enceintes ayant soif, dirent avec foi: « Saint Perdoux,
donnez-nous de l'eau, » et que jaillit aussitôt la fontaine qui
coule encore auprès de cet oratoire, et qui coule, l'on peut dire
presque miraculeusement à cause de la position des lieux.

« D'après une autre version peut-être plus vraisemblable, que
reportèrent particulièrement M. Deloncle, ancien curé de Luzech, et M. son frère, ancien président du tribunal de Cahors,
ce qui m'est venu de la part de M. Antoine Deloncle fils, avocat, Perdoux, saint homme de la paroisse de Luzech, se serait
retiré pour vivre en solitude dans le lieu très isolé auquel on a
depuis donné son nom, sur le territoire de Cambayrac, et ses
reliques auraient été également portées dans l'église de cette
paroisse par suite d'une révélation miraculeuse.

« Au surplus, on ajoute généralement que les habitants de
Luzech ayant voulu dans le temps les reprendre de vive force,

furent contraints de les laisser, tous ceux qui s'étaient permis de mettre la main sur la châsse pour l'emporter ayant été instantanément frappés de cécité.

« Quoi qu'il en soit, Monseigneur, l'origine des processions qui se font à la petite chapelle de Saint Perdoux, pour demander la pluie par son intercession, se perd dans la nuit des temps, et aucun évêque de Cahors n'a jamais refusé de les autoriser. Mgr de Grainville avait hésité la première fois qu'on s'adressa à lui, mais il paraît que sur la vue du document que nous ne pouvons aujourd'hui que vivement regretter, il ne fit plus alors, ni dans aucune autre circonstance, la moindre difficulté.

« Du reste, tout le monde est unanimement persuadé dans le pays, que presque toujours il n'a pas tardé à tomber de la pluie après une procession solennelle à Saint Perdoux, et ce qui paraît plus récemment miraculeux, c'est qu'en 1817, une procession composée de neuf paroisses et de plus de quatre mille personnes, à laquelle s'étaient encore réunis des gens de Cahors, et de lieux plus éloignés tels que Lerm, Mongessy, An, partie de Cambayrac par un très beau temps, fut immédiatement suivie d'une abondante humidité. M. l'abbé Cayla, M. l'abbé Anthoine et M. l'abbé Bessières, qui y assistèrent à la tête de leurs paroisses, l'attestent d'une manière expresse.

« J'ose espérer, Monseigneur, que d'après ces documents dont les signatures de MM. Cayla, Anthoine, Bessières, oncle et neveu, Salinié et Deloncle, apposées à la suite de la mienne à la fin de cette lettre, garantissent autant que possible la vérité, vous n'hésiterez pas à nommer, le plus tôt possible, le commissaire qui devra présider à la translation des reliques de Saint Perdoux dans la nouvelle châsse.

« Vous comblerez ainsi de joie une paroisse et toutes celles des environs en donnant une nouvelle stabilité à une dévotion qui leur est venue d'une longue suite de générations dont, dans un pays sec et aride, ils éprouvent souvent les heureux effets, et à laquelle ils n'auraient pas, on peut dire, tous une foi si forte si Dieu ne lui avait pas donné une cause réelle.

« On pourra, si Votre Grandeur veut le permettre, joindre une copie ou l'original de ma lettre au nouveau procès-verbal qui sera dressé par son délégué.

« En mon particulier, je ferai tout ce qui dépendra de moi pour rendre cette cérémonie aussi solennelle que possible.

« Je suis avec un profond respect,

Monseigneur,

De Votre Grandeur,

Le très humble et très obéissant serviteur,

Marcouïé Pr ;

Bessières ; Bessières, prêtre ;

Cayla, prêtre ;

Antboine, prêtre ; Salimé ; A. Delongle.

Cambayrac, 30 août 1838.

« Vu pour être annexé au procès de translation des reliques de Saint Perdoux.

Fait le 15 mai 1843.

SÉNEZERGUES, Vicaire-général. »

(Sceau de l'Évêché de Cahors.)

II

Lo Drack (Premier récit).[1]

Dé moun tems, on nou poudio pas passa al poux del Drack après naü hoaros del sé, sans y beïre uno crabo blanco ou tres luns. Mé soubéni d'abé bis souben alquelsas tres luns, a mechonet, sus loustal dé la Bouzonario ou sus l'oustal del Lirou. Acos éro lou Drack qué s'éro establit al poux et qué d'aqui espaurissio lou mounéé ou lou boulio tenta, per so qué, bésés bous, lou Drack, acos éro lou Diables qué éro bengut dins nostré païs. Alabés n'éren qué dé salbagés ; nou y abio ni messo ni bespros et nou soumabon plus l'Angélus.

Ma maïré nous disio souben, a la beillado, qu'un sé, nostré païré éro anat a dex ouros fa un tour a la pesso qu'aben a la plano et qué quand fousquet arribat dins la founsado, oun las soucos de bigr.o éron nautos coumo dé prunies, bétsét uno crabo blanco que tenio gayrébe un lensoulat, que l'abio boulgut fa fuchi a cots de peïros, mais qué nou sé boulégueèt pas maï qu'un termé ; qu'alabés la pooü l'abio prés et qué n'abio agut rés de maï pressat qué dé s'entourna, et qué quand fousquet arribat a bint passés dé la Croux pelito, sé troubet pots a pots ambé un Louparou, qué li diguet : Estieïnou, qué t'abio fat la crabetto per qué li tiresses dé peïros ? Un aütre col, laïsso-lo tranquilo, sé m'en crésés. — Après abé dit aco, fiquet douos ou tres régraülados : Broun ! Brounn !! Brounna !!! que féron réboumbi toutos las coumbos, et s'abaliguèt sans qué pousqués beïré oun d'éro passat.

Ma maïré nous disio qué quand nostre païré Estieïné dintret a l'oustal, pensét s'estabani.

------

[1] Voir page 27.

III

Le Drach (Deuxième récit). [1]

Bountsournal , dé la paroquio dé Salgos , abio fleiréttat soun biou et troubabo pas a lou bendré. Un taour qu'éro fiéro a Castelnaü , partiguét per l'amour dé lou y ména , en diguen qué lou bendrio quand saürio dé lou bendré al Diables. Troubét pas maï a lou bendre. En s'entournen, lou sé, pla mal countén, troubét sul cami un homé a tsabal, qué li diguet : — Eh , moun amit, n'abés pas doun bendat ? Lou mé boulés bendré a ioü ? — Oppé , fasquet l'homé del biou. — Féron mercat et siéron d'accordi. — Més cal qué lou ménés chés ioü, ça diguet lou moussu. — Perbot qué sioaqués pas trot loun, fasquét l'homé. — Et lou sétsét, et sé bését dins un gran castel. Fet estaca lou biou a uno grépio dins un establé qué lusissio dé pertout, et après lou moussu li diguét : Aro seguès mé qué bous pagaraï. — Lou ménét dins une crambo boultado coumo uno gléio et li darbiguet de tirétos qu'éron plénos d'escuts, en li diguen : Aqui, pagas-bous. — Nou, s'a diguét l'homé, fasès-mé moun counté. — Pagas-bous, bous disi ! — Alabes sé paguét, en fasquen lou sinné dé la crouts. Tout d'un cot sé tournét trouba dins la péléno, costo'l roumégas oun soun biou ero estacat ; et al loc d'argen, sé troubét doutsé peïros dins la potso.

____

[1] Voir page 28.

IV

Le Drack) Troisième récit). [1]

Un mati dé boto de Luzèt, per Nostro-Damo de Settembré,
lou Drack qué nou penso qu'a mal fa, se cambièt en chabal, y
mountèt dessus et s'anguèt pousta al foun dé la costo dé Boul-
douïro. Arribo dé Saüzèt un paüré bièl qué anabo a la boto, et,
trouben aqui un homé qué abio bouno mino, li démandèt sé boulio lou laïssa mounta darrès el. — Ambé plasé, ça li diguèt. Un
paü plus loun, un aütré, qué anabo atabé à la boto, li fa la mèmo
démando : mèmo respounso del Drack. Aban d'arriba a Sa Vin-
cens, n'abio fat mounta binto trés. A la crouts dé Rigal, un aütré
mountabo per plangé la péno de fa quatre passés per dintra dins
la gaberro, mais un troupèl de tsouynesso qué sé troubabo
de l'aütré coustat de l'aygo é qué lou counnession, li cridèron :
Pierrés, sinna bous bisté, autromen sès perdut ! — N'abio pas
acabat lou sinné dé la crouts, qué lou tsabal et l'homé s'abali-
guèron et on entendèt uno bouès qué disio :

> Sans un in nomine patris
> Binto quatré n'en négabi.

[1] Voir page 29.

V

Légende en forme de prière.[1]

Parlen touts dé la sento Bierché
Qu'aquélo nous la bien parla.
Mais n'aûtres n'en parlan gairé
Tant coumo n'autrés diûrion fa.
Abal, dins aquélo combéto,
Y a n'armo pléno dé pécats ;
Lou Diabiés y es qué la tourmento,
Attenden fin dé soun trépas.
La sento Bierché y es anado
Per aquélo arméto counsoula.
— En rè, en rè, maûbéso bestio !
Aquélo armo t'aparté pas.
— Coussi nou m'aparté, Mario ?
Tsamai élo n'a coufessat. —
La sento Bierché pren l'arméto,
A soun fil Diû la ba pourta.
— Ténés, ténés, lou meû fil Jésus,
Aquesto arméto cal perdouna.
— Coussi la perdounarioï, méro,
Tsamai perdou n'a démandat.
— Mais si bé à ioû, moun fil Jésus,
Pla souben mé l'a démandat.
Elo mé disio la courouno
Et gran plasé qu'élo m'a fat.
Elo tsunabo lou dibendrés
Et lou dissatés principal.
— Paûsa l'aqui, ma douço méro,
Tout li séra bien perdounat.

---

[1] Voir page 30.

VI

Chanson de Nourrice. [1]

Nanaï, soun-soun,
Béni, béni, béni !
Nanaï, soun-soun,
Béni, béni doun !

La soun-soun s'en és anado
A Paris sur uno crabo ;
Tournara sur un roussi ;
La soun-soun sara leû aci.

Nanaï, soun-soun,
Béni, béni, béni !
Nanaï, soun-soun,
Béni, béni doun !

Las campanos dé Paris,
Uno plouro, l'aûtro ritz,
L'aûtro faï doun-doun, soun-soun,
Faï doun-doun, doun-doun, soun-soun !

Nanaï, soun-soun,
Béni, béni, béni !
Nanaï, soun-soun,
Béni, béni doun !

[1] Voir page 31.